Las fotos de Annie

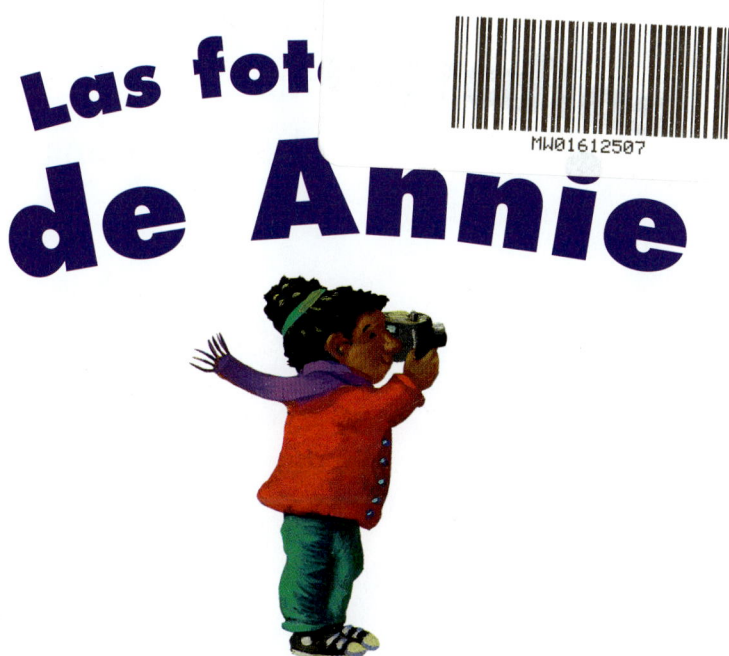

por Jane Manners
ilustrado por Diane Greenseid

HOUGHTON MIFFLIN HARCOURT
School Publishers

Printed in China

ISBN-10: 0-547-26923-4
ISBN-13: 978-0-547-26923-8

2 3 4 5 6 7 8 0940 18 17 16 15 14 13 12 11 10

Annie había esperado toda la mañana a la abuela. —¡Hola! —dijo Annie.

—¡Cómo has crecido desde la última vez que te vi! —exclamó la abuela.

La abuela sonrió y le dio un gran
abrazo. Luego le dio una caja a Annie.

—Esto es para ti —dijo la abuela.

Annie se puso muy contenta. —¿Qué
es? —preguntó.

—Ábrelo y averigua —dijo la abuela.

CÁMARA

Annie arrancó la envoltura. ¡Adentro de la caja había una cámara!

—La escogí especialmente para ti —dijo la abuela de Annie—. Ahora puedes tomar muchas fotografías.

La abuela de Annie le enseñó a cargar la
película en la cámara.

—¡Gracias abuela! —dijo Annie.

Luego miró a la abuela a través de la
cámara. —Sonríe —dijo.

Annie y su abuela caminaron por la granja.
Annie fotografió una hoja de color naranja y
amarillo que cayó de un árbol.

Annie volteó para ver a su gato. Pixie dormía bajo un árbol. Annie le tomó una fotografía.

—Mira el cielo —dijo su abuela—. Esos
pájaros van hacia el <mark>sur</mark> a invernar.

Annie los fotografió rápido cuando volaban
sobre las <mark>copas</mark> de los árboles.

La mamá de Annie salió de la casa.

—Mamá, ¿qué haces? —preguntó Annie.

—Hice una tarta especial para tu abuela —contestó su mamá.

—¡Sonríe mamá! —dijo Annie. Le tomó una foto a su mamá.

Después subieron por el camino sinuoso para ver al papá de Annie. Con tanto ajetreo Annie no pudo fotografiar nada.

Arriba en la colina, el papá de Annie estaba muy **atareado** **recogiendo** manzanas.

—Mira cuántas manzanas has recogido, papá —dijo Annie.

Annie estaba a punto de tomar una fotografía cuando algo pasó corriendo.

11

Eran dos <mark>ardillas listadas</mark> que corrían deprisa. Annie las persiguió, pero ellas corrieron por el pasto y se metieron al <mark>bosque</mark>... y entonces Annie vio las calabazas.

¡Qué fácil era tomar fotografías de las calabazas! No corrían como esas ardillas listadas. No volaban como los pájaros. ¡Annie tomó muchas fotos de las calabazas!

A la mañana siguiente, Annie llevó a su
abuela a su clase de segundo grado. ¡Ahora
podría tomar fotos de este día tan especial!

Responder

Propósito del autor

¿Por qué escribió el autor esta historia? Copia la gráfica y añade otro detalle que ayude a explicar el propósito del autor. Luego escribe el propósito del autor.

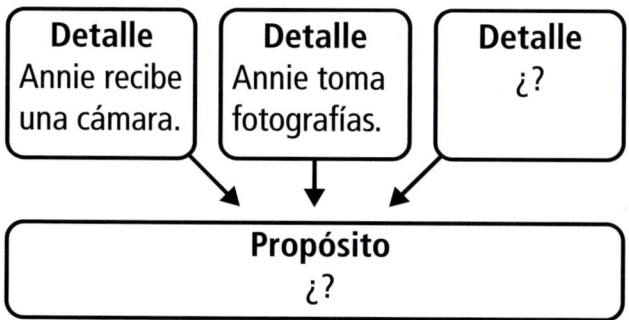

Detalle	**Detalle**	**Detalle**
Annie recibe una cámara.	Annie toma fotografías.	¿?

Propósito
¿?

 ¡A escribir!

El texto y el mundo Si tuvieras una cámara, ¿a qué le tomarías fotos? Escribe un párrafo. Describe en detalle cómo serían tus fotografías.

VOCABULARIO CLAVE

ardilla listada	crecer
atareado	ponerse
bosque	recoger
copas	sur

AMPLIAR EL VOCABULARIO

abuela	cámara
calabazas	película

DESTREZA CLAVE **Propósito del autor**

Explica por qué los autores escriben libros.

ESTRATEGIA CLAVE **Evaluar/Analizar**

¿Cómo te hace sentir el libro y por qué?

GÉNERO La **ficción realista** es una historia que podría suceder en la vida real.